OBSÈQUES

DE

M. LE DR GARIMOND

PROFESSEUR AGRÉGÉ A LA FACULTÉ DE MÉDECINE DE MONTPELLIER,

MÉDECIN EN CHEF

DU GRAND ET DU PETIT-LYCÉE, DE L'ASILE DES ALIÉNÉS DU PONT SAINT-CÒME,

DE LA MAISON D'ÉDUCATION DU SACRÉ-COEUR

DU PÉNITENTIER DE NAZARETH, DES SOURDS-MUETS, ETC., ETC.

MONTPELLIER

TYPOGRAPHIE ET LITHOGRAPHIE CHARLES BOEHM

ÉDITEUR DU MONTPELLIER MÉDICAL

DE LA GAZETTE HEBDOMADAIRE DES SCIENCES MÉDICALES

1890

OBSÈQUES

DE

M. LE DR GARIMOND

Le jeudi 28 août dernier, à 10 heures du matin, ont eu lieu, au milieu d'une grande affluence, les obsèques de M. le Dr Garimond. Le deuil était conduit par ses gendres M. Maurice Daubian Delisle et M. Jules Duval de Fréjacques, capitaine attaché à l'État-Major particulier du Génie à Saint-Denis, chevalier de la Légion d'Honneur.

En tête du cortège universitaire marchaient cinq professeurs en robe, MM. le doyen Castan, Carrieu, Grynfeltt, Jaumes et Paulet suivis du Corps des agrégés, un peu réduit en nombre par la coïncidence des vacances et des grandes manœuvres, qui tiennent plusieurs de ses membres éloignés de Montpellier. On y voyait aussi une délégation des élèves et des professeurs du Lycée et les pensionnaires de plusieurs établissements charitables dont notre Confrère était le médecin. On remarquait particulièrement la couronne portée par les administrateurs de l'Asile privé d'aliénés du Pont Saint-Côme, fondé par le professeur Rech, que M. Garimond avait remplacé dans cet établissement depuis plus de trente ans.

Après les dernières prières, M. le Dr Sarda, au nom de l'agrégation, s'est fait l'interprète des regrets de tous dans un éloquent discours, étude aussi complète que bien conçue et que nous insérons très volontiers.

Messieurs,

Au nom de la Société des agrégés, je viens rendre un dernier hommage et dire un adieu suprême à notre cher Collègue, à l'excellent ami dont la perte m'est particulièrement douloureuse.

Il faudrait l'éloquence de Bossuet pour traduire l'émotion et la surprise que me fit éprouver la nouvelle de cette foudroyante mort survenue quelques heures à peine après le moment où je quittais, au sortir d'une de nos réunions quotidiennes, celui qui repose du dernier sommeil. Jamais le Confrère que nous pleurons n'avait montré plus d'esprit, plus d'entrain, plus de gaieté. Il raillait avec joie notre curiosité, et se refusait en riant à nous faire connaître son âge. Hélas ! cette innocente taquinerie était bien inutile ; car la mort veillait et se préparait à nous enlever ce causeur charmant, dont les réparties, les saillies, intentionnellement enfantines, nous faisaient oublier que l'heure s'envole et que l'éternité nous attend. Le lendemain, la place qu'il affectionnait était vide, et nous sentions alors combien sa présence était nécessaire au milieu de nous.

Mais ce n'est pas de notre malheur seul que je dois vous entretenir. J'ai le triste et périlleux honneur de retracer la carrière parcourue par notre Collègue, de vous rappeler ses travaux, de vous dire quelles étaient les qualités maîtresses de cette intelligence d'élite.

Né à Montpellier en 1823, Garimond, après d'excellentes études classiques au Lycée de cette ville, se sentit invinciblement attiré vers la médecine, qui subissait depuis quelques années une transformation pleine de promesses. Il se lia de bonne heure avec Cavalier et Courty, ses aînés de quelques années, qui dirigèrent ses premiers pas dans la carrière qui s'ouvrait à son activité. Le jeune étudiant, grâce à sa facilité de travail et à sa vive intelligence, devint bientôt aide d'anatomie, puis, en 1846, interne à l'Asile public des aliénés. Deux ans après, il est nommé, après un brillant concours, interne des hôpitaux, où nous le retrouvons en 1852, au lendemain de la soutenance de sa Thèse de doctorat.

Pendant ces six années, il s'adonna, d'une manière à peu près exclusive, à l'étude des malades, s'habituant à voir les choses d'après nature et à ne pas accepter sans examen les descriptions classiques. Années fécondes où Garimond se rompit aux difficultés de notre art et qui firent de lui un excellent praticien.

Dès cette époque, l'une des qualités dominantes de notre

Collègue se révèle, et d'une façon inattendue. Pourquoi, lorsque, après avoir vu tant de malades, il était si facile au jeune docteur de faire une intéressante thèse de clinique, préfère-t-il nous donner un *Essai historique et critique sur la connaissance de la phtisie pulmonaire chez les anciens et chez les modernes?* C'est que déjà Garimond obéit au besoin impérieux de critiquer. Le doute scientifique l'obsède ; comme Descartes, comme Montaigne, il en appelle à la raison et à la réalité tangible. Cet esprit d'examen, qu'il possédait à un remarquable degré, l'entraînera parfois un peu loin dans ses critiques ; car, si ce sceptique raille avec bonhomie, il blesse parfois, sans le vouloir, ceux dont il n'approuve ni les idées ni les actes.

Ce travail, dans lequel l'auteur cherche à rendre justice aux anciens, est donc l'un de ceux où l'on peut mieux étudier son tempérament scientifique. Il renferme aussi, mérite rare, des données nouvelles alors, personnelles à l'auteur. Si quelques détails sont aujourd'hui vieillis, cette étude reste un fort remarquable travail pour son époque, et fait le plus grand honneur à son auteur.

En 1855, après un concours remarquable, Garimond est nommé agrégé de chirurgie et accouchements. Le concours était devenu pour lui chose facile. A des connaissances étendues et variées, à une érudition de bon aloi, se joignait l'habitude de l'enseignement ; car le candidat faisait, depuis 1844, des cours de chirurgie et d'obstétrique. C'est dire que l'épreuve d'argumentation de Thèse fut pour lui l'occasion d'un véritable triomphe.

Ainsi préparé pour l'enseignement officiel, le jeune agrégé devait y rencontrer un succès certain. Pendant les douze années d'agrégation, nous le retrouvons à la Faculté ou bien à l'hôpital, enseignant tantôt l'obstétrique, tantôt la chirurgie, suppléant soit un professeur de clinique chirurgicale, soit le professeur d'accouchements. Il est en outre chargé, à plusieurs reprises, de la clinique des maladies cutanées.

Sa Thèse d'agrégation : *De la douleur en chirurgie*, est une excellente dissertation, écrite avec beaucoup de correction et d'élégance, pleine de remarques judicieuses et d'intéressants aperçus. Le sujet, aride et difficile, exigeait que le chirurgien fût doublé d'un érudit et d'un philosophe. Et en effet, une douce philosophie corrige de sa caresse consolante la nature peu souriante des points à traiter.

A partir de cette époque, Garimond publie toute une série de travaux de médecine, de chirurgie, d'obstétrique, de médecine légale.

En médecine, je citerai une très intéressante *Statistique des hôpitaux de Montpellier, au point de vue de l'influence du climat sur le développement de la phtisie pulmonaire* (1856). Il y démontre, contrairement à l'opinion émise par Jules Rochard, que le climat de notre ville est peu favorable au développement de cette redoutable affection. Un autre travail, modestement intitulé : *Contribution à l'histoire de l'épilepsie dans ses rapports avec l'aliénation mentale*, publié en 1877 dans les *Annales médico-psychologiques*, prouve que l'auteur possédait une connaissance approfondie des maladies mentales. Garimond combat, avec beaucoup de talent et de conviction, des opinions généralement adoptées à cette époque. Il se livre à une discussion serrée et fort savante des doctrines pathogéniques de l'épilepsie, et accorde aux diathèses et aux affections chroniques une large part dans l'étiologie de cette névrose. Il s'élève contre la tendance à rendre l'épilepsie responsable de toutes les folies à forme intermittente, et soutient qu'elle n'en est que la cause prédisposante où provocatrice. La clinique et la physiologie ont démontré la justesse de la plupart des idées personnelles dont ce travail est meublé.

En chirurgie, je citerai seulement *Une observation de fracture longitudinale du col du fémur* et un Mémoire sur les *causes et le mécanisme de l'étranglement herniaire.*

En *médecine légale*, nous trouvons : un Mémoire sur la *Superfétation*, un travail de critique où l'auteur examine « les principales doctrines médico-légales sur l'âge du fœtus, considéré dans ses rapports avec la viabilité et la maturité », et fait preuve d'une logique puissante et d'une érudition peu commune.

Les travaux d'*obstétrique* sont les plus nombreux et aussi les plus importants ; et le temps, comme la compétence, me manque pour en faire une analyse suffisante. C'est d'abord un Mémoire sur les *phénomènes consécutifs et la pathogénie de l'avortement;* un remarquable travail sur l'*enchatonnement du placenta ;* un article sur la *compression des vaisseaux abdominaux dans les hémorrhagies utérines ;* un autre ayant pour titre : *Du placenta adhérent et de son élimination spontanée;* enfin, tout récemment, une étude fort bien faite et très appréciée, présentée à l'Académie de Médecine en 1877, et ayant pour objet les *causes déterminantes de l'accouchement à terme et de l'avortement.*

J'en arrive à l'œuvre capitale de notre Collègue, au plus

remarquable de ses travaux, celui qui à lui seul suffirait à fixer sa réputation scientifique. J'ai nommé son *Traité théorique et pratique de l'avortement, considéré au point de vue médical, chirurgical et médico-légal.* C'est, comme l'a dit un critique, «une œuvre sérieuse, fruit de l'expérience et de l'étude, longuement mûrie, lentement accomplie». Analyser ce volume serait inutile et déplacé. Nous l'avons tous lu , et vous êtes convaincus comme moi que c'est une œuvre maîtresse, fortement conçue, habilement ordonnée, plus complète que tout ce qui avait paru jusqu'alors. On peut dire qu'il était impossible de faire mieux, de montrer plus de science, et que tous ceux qu'intéresse cette question consulteront toujours avec fruit ce beau livre, où abondent les qualités du praticien, du médecin-légiste, du savant.

Ce qui fait le mérite de ces diverses publications, c'est l'érudition profonde, la clarté de l'exposition, l'absence de détails inutiles, la richesse des aperçus, un esprit critique remarquable, un vaste savoir pratique, et surtout *l'originalité.* Cette dernière qualité, Messieurs, nous la retrouvons dans les leçons orales, dans les conversations scientifiques, et c'est justice de dire qu'il la possédait au plus haut degré, à une époque où il est difficile d'être *quelqu'un.*

Joignez à cela un amour profond de la vérité et de la justice, une franchise parfois brutale, et vous comprendrez quelle grande perte nous déplorons aujourd'hui.

Dans ses divers cours à la Faculté ou à l'hôpital, Garimond enseigne avec méthode et clarté, sans grande recherche, en un style simple et facile, gardant toujours ce quelque chose de personnel qui attirait et retenait l'auditeur. C'est dire qu'il obtint partout un grand et légitime succès. Et s'il n'eut pas le bonheur toujours envié d'arriver au professorat, il eut au moins la satisfaction de voir son mérite universellement reconnu par les étudiants et par les Maîtres, dont quelques-uns professaient pour lui la plus grande estime. Bouisson et Courty portaient à notre Collègue un intérêt qui ne s'est jamais démenti, et qui s'est transformé, avec le temps, en une vive et profonde amitié ; Combal lui avait voué une affection inaltérable. Et si l'amitié d'un grand homme est un bienfait de Dieu, Garimond a été richement récompensé de ses mérites par la sympathie de ces trois hommes, dont le nom brille du plus vif éclat dans l'histoire de notre École.

Médecin en chef de l'asile Rech depuis 1858, du lycée depuis 1871, en possession d'une clientèle peu nombreuse mais de premier choix, entouré d'affection et d'estime, Garimond pouvait goûter le repos. Rien ne manquait à son bonheur depuis que deux gendres dont vous connaissez la distinction et le mérite étaient venus élargir le cercle de la famille et ajouter aux joies du père celles de l'aïeul. Mais, à l'exemple de Combal, notre Collègue avait peur de l'inaction, et, comme il arrive souvent dans notre profession, il subissait la loi de l'habitude. Aussi se tenait-il au courant de la science avec une ardeur toute juvénile. Ne pouvait-il pas espérer que Dieu lui donnerait encore de longues années de vie et de bonheur puisqu'il était demeuré robuste, florissant de santé, plein de bonne humeur ? O fragilité des choses humaines ! Peut-on jamais jouir longtemps d'un bonheur sans mélange ? Quelques heures ont suffi pour terrasser un homme encore vigoureux et en pleine possession de ses facultés, pour anéantir ce superbe édifice, dont on admirait l'harmonie et la solidité. Et à la place de tout cela, un cercueil et un deuil immense !

L'agrégation, cher Collègue, perd en toi l'un de ses représentants les plus dignes, un membre dont elle était fière à juste titre. Elle gardera précieusement le souvenir de ton mérite et de tes qualités.

Au nom des agrégés, au nom de tes amis, adieu !

Après M. Sarda, M. le professeur Grasset a prononcé les paroles suivantes :

Messieurs,

Vous venez d'entendre la vie universitaire et scientifique de Garimond.

Permettez au Confrère et à l'ami de venir, à son tour, dire un dernier adieu au praticien, dont la ville et la région ont appris avec une douloureuse surprise la brutale disparition, et de saluer une dernière fois, au nom du Corps médical de Montpellier, le médecin dont l'esprit distingué et original inspirait à tous estime et affection.

Montpelliérain de naissance et de race, Garimond aimait notre vieille métropole universitaire du Midi comme un fils, fier de la gloire de sa mère et jaloux d'ajouter un fleuron à sa couronne.

Médecin de vocation, voyant dans notre art non un métier mais une école de dévouement et d'instruction, il aimait ses malades, s'attachait à eux et organisait la victoire contre la maladie avec cet acharnement éclairé et passionné qui est la condition du succès.

Dans son asile du Pont Saint-Côme, dans sa fréquentation incessante des maladies nerveuses, il avait puisé cette puissance d'analyse qui donne l'art de fouiller et d'apprivoiser les âmes comme les corps, cherche la cause psychique à côté de la cause physique et trouve le traitement moral à côté et au-dessus de la drogue pharmaceutique.

Plus que tout autre médecin, le neuropathologiste est le confident, presque le confesseur, de ces pauvres malades, à qui le monde refuse même le bénéfice de leurs souffrances, mettant sur le compte de leur imagination, presque de leurs caprices, les atroces tortures que leur suggère un système nerveux affolé.

Observateur plein de finesse, Garimond avait ainsi beaucoup vu, beaucoup appris, beaucoup retenu, et il jugeait les hommes et les choses avec cet esprit profond, quelquefois un peu sarcastique, que certains prenaient pour du scepticisme.

Lui, qui aimait tant et qui était tant aimé, on pouvait le prendre à certaines heures pour un misanthrope.

Non, certes, qu'il eût cette « misanthropie d'un caractère difficile, d'un esprit chagrin et orgueilleux, qui s'indigne et du bien et du mal et s'irrite contre tout ce qui est ».

Tout au plus avait-il cette « misanthropie de l'honnête homme qui est une haine profonde de la corruption publique et est indulgente pour les hommes ».

Mais il était l'ami de ses malades, l'ami de ses Confrères, l'ami de ses concitoyens, l'ami de toutes les grandes et belles choses, pour lesquelles il se passionnait.

Oui, Messieurs, il se passionnait.

Il n'était pas de ceux qui appellent fanatisme et exagération « toute passion qui n'est pas celle de l'argent, des honneurs ou des plaisirs ».

S'il admettait que « l'impartialité à l'égard des personnes est de la justice », il professait aussi que « l'impartialité dans les opinions est de l'indifférence pour la vérité ou de la faiblesse d'esprit »[1].

Il croyait.

Chrétien convaincu et pratiquant, il était de ceux pour lesquels on peut dire que la mort subite est la plus grande des récompenses.

> Sans trembler devant lui, comme sans le braver,
> Du bûcheron divin attendant la cognée[2],

[1] De Bonald. — [2] De Laprade.

il a été enlevé trop vite à l'affection de sa famille et de ses amis ; mais, du moins, il ne s'est pas survécu, il n'a pas vu la décadence progressive de la guenille ; il s'est senti utile jusqu'à la dernière heure ; il a combattu le vaillant combat jusqu'à la dernière minute. Il est mort sur la brèche, les armes à la main...

Ce n'est pas lui qu'il faut plaindre, Messieurs, ce sont les siens, sa famille, ses malades, nous tous qui sommes obligés d'oublier l'émotion qui nous étreint pour lui dire une dernière fois : Adieu et au revoir.